Suriname Stories: Bilingual Dutch-English Short Stories for Dutch Language Learners

Coledown Bilingual Books

Published by Coledown Bilingual Books, 2023.

SURINAME STORIES: BILINGUAL DUTCH-ENGLISH SHORT STORIES FOR DUTCH LANGUAGE LEARNERS

First edition. September 22, 2023.

ISBN: 979-8223295204

Written by Coledown Bilingual Books.

Table of Contents

Een Zonovergoten Erfenis

<hr>

Op een stralende ochtend in Paramaribo, de hoofdstad van Suriname, begon het verhaal van Eliza van der Velden. Haar leven had altijd een kalme cadans gehad, zoals de kabbelende rivieren die door het weelderige binnenland van dit prachtige land stroomden. Ze woonde in een charmant koloniaal huis met een rijk verleden datp verscheen in de gebladderde verf en de knoestige houten vloeren. Dit huis, dat generaties van de familie Van der Velden had gezien, was getuige geweest van liefde, verlies en verhalen die als schatten werden bewaard.

Eliza, een vrouw van middelbare leeftijd met een glimlach die net zo warm was als de tropische zon, was al jarenlang de beheerder van het familiehuis. Ze koesterde haar rol als bewaker van de geschiedenis, terwijl ze ook een vertrouwd gezicht was in de buurtgemeenschap. Haar dagen werden gevuld met het verzorgen van de weelderige tuin, waar felgekleurde bloemen en geurige kruiden groeiden, en het onderhouden van het huis zelf, dat altijd een beetje extra aandacht leek te vereisen.

Op een dag, terwijl Eliza bezig was met het ordenen van oude fotoalbums en het herstellen van antieke meubelstukken, ontdekte ze een vergeten archiefkist in de stoffige zolder. Met nieuwsgierige handen opende ze de kist en ontdekte een stapel vergeelde brieven, vergezeld van een oude foto van een knappe jonge man met donkere krullen en ogen vol geheimen. De brieven waren geschreven door een zekere Lucas Van der Velden, een ver familielid dat lang geleden naar het buitenland was vertrokken en nooit meer was teruggekeerd.

Terwijl Eliza de brieven las, werd ze meegevoerd naar een andere tijd, toen Lucas de wereld rondreisde en brieven schreef naar zijn dierbaren thuis. Zijn woorden beschreven exotische avonturen, ontmoetingen met vreemde culturen en een leven vol opwinding. Maar tussen de regels door kon Eliza ook de eenzaamheid en het verlangen naar thuis voelen dat Lucas in zijn hart droeg.

De ontdekking van deze brieven zette Eliza aan het denken. Wat als ze op zoek zou gaan naar de nazaten van Lucas? Misschien waren er nog familieleden die ze nooit had ontmoet, verspreid over de wereld, zich niet bewust van hun Surinaamse wortels. Het idee van het herenigen van de familie vulde haar met opwinding.

Met vastberadenheid begon Eliza aan een zoektocht die haar van Paramaribo naar verre continenten zou brengen. Ze begon met het ontcijferen van aanwijzingen in de brieven van Lucas en raakte al snel bevriend met plaatselijke historici, archivarissen en reizigers die haar hielpen bij haar queeste.

Onderweg ontmoette ze kleurrijke personages, elk met hun eigen verhaal en geheimen. Ze doorkruiste regenwouden en steden, doorkruiste bergen en zeilen over zeeën, altijd op zoek naar de verloren takken van de familie Van der Velden. En terwijl ze de wereld verkende, ontdekte ze niet alleen verre neven en nichten, maar ook het ware karakter van haar eigen hart.

A Sun-Drenched Legacy

On a radiant morning in Paramaribo, the capital of Suriname, Eliza van der Velden's story began. Her life had always had a calm cadence, much like the meandering rivers that flowed through the lush interior of this beautiful country. She resided in a charming colonial house with a rich history that revealed itself in the peeling paint and knotty wooden floors. This house, which had witnessed generations of the Van der Velden family, had borne witness to love, loss, and stories treasured like hidden gems.

Eliza, a middle-aged woman with a smile as warm as the tropical sun, had been the caretaker of the family home for years. She cherished her role as the guardian of history while also being a familiar face in the local community. Her days were filled with tending to the lush garden, where brightly colored flowers and fragrant herbs thrived, and maintaining the house itself, which always seemed to require a bit of extra attention.

One day, while Eliza was busy organizing old photo albums and restoring antique furniture, she stumbled upon a forgotten archive chest in the dusty attic. With curious hands, she opened the chest and discovered a stack of yellowed letters accompanied by an old photograph of a handsome young man with dark curls and eyes full of secrets. The letters were written by a certain Lucas Van der Velden, a distant relative who had left for foreign lands long ago and never returned.

As Eliza read the letters, she was transported to another time when Lucas journeyed the world and wrote letters to his loved ones back home. His words described exotic adventures, encounters with foreign cultures, and a life filled with excitement. But between the lines, Eliza could also sense the loneliness and longing for home that Lucas carried in his heart.

The discovery of these letters set Eliza's mind in motion. What if she were to search for Lucas's descendants? Perhaps there were still family members she had never met, scattered across the world, unaware of their Surinamese roots. The idea of reuniting the family filled her with excitement.

With determination, Eliza embarked on a quest that would take her from Paramaribo to distant continents. She began by deciphering clues in Lucas's letters and soon became friends with local historians, archivists, and fellow travelers who aided her in her mission.

Along the way, she encountered colorful characters, each with their own stories and secrets. She traversed rainforests and cities, crossed mountains and sailed seas, always in search of the lost branches of the Van der Velden family. And as she explored the world, she discovered not only distant cousins but also the true nature of her own heart.

De Betoverende Avonturen van Amar en Maya

Diep in het hart van het Surinaamse regenwoud woonde een jongen genaamd Amar. Zijn donkere ogen glinsterden als de nachtelijke sterrenhemel, en zijn glimlach was zo helder als de zon die door de dichte bladeren brak. Amar had een speciale band met de natuur, een gave die generaties lang in zijn inheemse stam was doorgegeven.

Amar's beste vriendin was Maya, een meisje van dezelfde leeftijd met lange, glanzende haren en een ondeugende twinkeling in haar ogen. Samen deelden ze avonturen in het weelderige bos, waar ze leerden over de geheimen van de dieren en planten die hun thuis vormden.

Op een dag, terwijl Amar en Maya door het regenwoud zwierven, ontdekten ze een oude, met lianen bedekte grot diep verscholen in de bossen. De ingang van de grot was omgeven door kleurrijke bloemen en geurige kruiden, en nieuwsgierigheid dreef hen naar binnen.

Binnenin de grot vonden ze iets ongelooflijks - een magische poel, omringd door glinsterende kristallen. Terwijl ze naar hun eigen reflecties in het heldere water keken, voelden Amar en Maya een warme gloed om zich heen. Plotseling begonnen ze te zweven, zwevend boven het water als bladeren in de wind.

De poel voerde hen mee op een betoverende reis door het regenwoud, waar ze oog in oog kwamen te staan met wezens die alleen in legenden voorkwamen. Ze ontmoetten een wijze oude schildpad die hen leerde over de geschiedenis van het woud, een speelse kapucijnaap die hen de kunst van het boomklimmen bijbracht, en zelfs een mysterieuze jaguar die hun bescherming bood tegen gevaarlijke situaties.

Tijdens hun avonturen leerden Amar en Maya waardevolle lessen over de waarde van het behoud van de natuur en het respecteren van alle levende wezens. Ze ontdekten dat het regenwoud een delicate balans was en dat zij, als bewoners ervan, een rol te spelen hadden in het beschermen van deze kostbare schat.

Uiteindelijk bracht de magische poel hen weer veilig terug naar de ingang van de grot, waar de kleurrijke bloemen hen begroetten. Amar en Maya wisten dat ze een onvergetelijk avontuur hadden beleefd en dat ze nu de hoeders waren van het regenwoud, vastbesloten om de schoonheid en magie ervan te beschermen voor toekomstige generaties.

The Enchanting Adventures of Amar and Maya

Deep in the heart of the Surinamese rainforest lived a boy named Amar. His dark eyes sparkled like the night sky, and his smile was as bright as the sun breaking through the dense foliage. Amar had a special connection with nature, a gift passed down through generations in his indigenous tribe.

Amar's best friend was Maya, a girl of the same age with long, glossy hair and a mischievous twinkle in her eyes. Together, they shared adventures in the lush forest, where they learned about the secrets of the animals and plants that formed their home.

One day, while Amar and Maya roamed through the rainforest, they stumbled upon an ancient, vine-covered cave hidden deep in the woods. The entrance to the cave was surrounded by colorful flowers and fragrant herbs, and curiosity led them inside.

Inside the cave, they found something incredible—a magical pool, surrounded by glistening crystals. As they gazed at their own reflections in the clear water, Amar and Maya felt a warm glow around them. Suddenly, they began to float, hovering above the water like leaves in the wind.

The pool carried them on an enchanting journey through the rainforest, where they came face to face with creatures only found in legends. They met a wise old turtle who taught them about the history of the forest, a playful capuchin monkey who taught them the art of tree climbing, and even a mysterious jaguar who offered them protection in dangerous situations.

During their adventures, Amar and Maya learned valuable lessons about the importance of preserving nature and respecting all living beings. They discovered that the rainforest was a delicate balance and that they, as its inhabitants, had a role to play in protecting this precious treasure.

In the end, the magical pool safely brought them back to the entrance of the cave, where the colorful flowers greeted them. Amar and Maya knew they had experienced an unforgettable adventure and that they were now the guardians of the rainforest, determined to protect its beauty and magic for future generations.

De Legende van Het Gouden Surinaamse Paard

Lang geleden, in de betoverende bossen van Suriname, leefde een jonge inheemse jongen genaamd Tariq. Hij was een dappere en nieuwsgierige ziel, altijd op zoek naar avontuur in de weelderige wildernis die zijn thuis was. Zijn vader, een oude sjamaan, vertelde hem verhalen over oude legendes die in de bossen van Suriname leefden, en één verhaal had Tariq in het bijzonder gefascineerd - dat van het Gouden Surinaamse Paard.

Het Gouden Surinaamse Paard was geen gewoon paard; het was een mythisch wezen met een glanzende vacht van puur goud. Volgens de legende kon degene die het paard kon vinden en berijden, een wens doen die uit zou komen. Tariq was vastbesloten om dit paard te vinden en zijn dorp te helpen met zijn wens.

Hij begon zijn zoektocht op een heldere ochtend, met alleen een kleine zak met voedsel en zijn vastberadenheid als metgezellen. Hij doorkruiste dichte bossen, stak snelstromende rivieren over en klom naar de hoogste heuvels. Onderweg ontmoette hij vriendelijke dieren die hem hielpen en wilde dieren die hem waarschuwden voor de gevaren van het bos.

Na weken van zoeken en avonturen kwam Tariq eindelijk een glinstering van goud tegen tussen de bomen. Hij sloop voorzichtig dichterbij en ontdekte het Gouden Surinaamse

Paard, rustig grazend in een zonnige open plek. Zijn hart bonsde van opwinding terwijl hij het majestueuze dier naderde.

Het paard draaide zich om, zijn ogen stralend als kostbare edelstenen, en liet Tariq naderbij komen zonder angst. Voorzichtig steeg Tariq op het gouden zadel en fluisterde zijn wens in het oor van het paard - hij wenste dat zijn dorp gezegend zou zijn met overvloedige regenval voor hun gewassen.

Zodra hij zijn wens uitsprak, begon het paard te galopperen. Terwijl ze door de bossen raceten, verspreidde het paard een schitterend gouden stof in zijn kielzog. De lucht vulde zich met donkere wolken, en weldra begon een zachte regen te vallen.

Tariq begreep dat zijn wens was uitgekomen, en hij glimlachte breed. Hij wist dat hij het Gouden Surinaamse Paard moest verlaten om terug te keren naar zijn dorp en het goede nieuws te delen.

Toen hij terugkeerde, werden zijn mensen gezegend met een overvloedige oogst, en het dorp bloeide als nooit tevoren. Het verhaal van Tariq en het Gouden Surinaamse Paard werd doorgegeven van generatie op generatie als een herinnering aan de kracht van vastberadenheid, vriendschap met de natuur en de magie die in de bossen van Suriname leefde.

En tot op de dag van vandaag, wanneer de regen zachtjes op de velden van Suriname valt, wordt er gefluisterd dat het het geschenk is van het Gouden Surinaamse Paard aan degenen die de schoonheid van de natuur waarderen.

The Legend of the Golden Surinamese Horse

Long ago, in the enchanting forests of Suriname, lived a young indigenous boy named Tariq. He was a brave and curious soul, always in search of adventure in the lush wilderness that was his home. His father, an old shaman, told him stories of ancient legends that lived in the Surinamese forests, and one story had particularly fascinated Tariq—the tale of the Golden Surinamese Horse.

The Golden Surinamese Horse was no ordinary horse; it was a mythical creature with a gleaming coat of pure gold. According to the legend, whoever could find and ride the horse would have a wish granted. Tariq was determined to find this horse and make a wish to help his village.

He began his quest on a bright morning, with only a small bag of food and his determination as companions. He traversed dense forests, crossed swift-flowing rivers, and climbed the highest hills. Along the way, he encountered friendly animals that helped him and wild creatures that warned him of the forest's dangers.

After weeks of searching and adventures, Tariq finally caught a glimmer of gold between the trees. He approached cautiously and discovered the Golden Surinamese Horse, peacefully grazing in a sunny clearing. His heart raced with excitement as he approached the majestic creature.

The horse turned around, its eyes shining like precious gemstones, and allowed Tariq to approach without fear. Carefully, Tariq mounted the golden saddle and whispered his wish into the horse's ear—he wished for his village to be blessed with abundant rainfall for their crops.

As soon as he uttered his wish, the horse began to gallop. As they raced through the forests, the horse scattered a brilliant golden dust in its wake. The sky filled with dark clouds, and soon a gentle rain began to fall.

Tariq understood that his wish had come true, and he smiled broadly. He knew he had to leave the Golden Surinamese Horse and return to his village to share the good news.

When he returned, his people were blessed with a bountiful harvest, and the village thrived as never before. The story of Tariq and the Golden Surinamese Horse was passed down from generation to generation as a reminder of the power of determination, friendship with nature, and the magic that lived in the forests of Suriname.

And to this day, when the rain falls gently on the fields of Suriname, it is whispered that it is the gift of the Golden Surinamese Horse to those who appreciate the beauty of nature.

Café d'Oase

In het hart van Paramaribo, de bruisende hoofdstad van Suriname, lag een verborgen schat verscholen tussen de kleurrijke huizen en kronkelende straatjes. Dit was Café d'Oase, een oase van rust en gezelligheid te midden van de drukte van de stad.

Het café werd gerund door een vriendelijke dame genaamd Maria. Met haar glimlach die de zon overtrof en haar warme gastvrijheid, verwelkomde ze iedereen die haar deur binnenstapte alsof ze oude vrienden waren. Maria had een passie voor koken en haar café stond bekend om de heerlijke Surinaamse gerechten en geurige koffie die ze serveerde.

Het interieur van Café d'Oase was een weerspiegeling van de rijke geschiedenis van Suriname. Houten meubels met ingewikkelde gravures en kleurrijke kleden gaven het café een gezellige en rustieke uitstraling. Aan de muren hingen foto's van Suriname uit vervlogen tijden, waardoor gasten een glimp konden opvangen van het verleden van dit betoverende land.

Elke ochtend begon met het aroma van versgemalen koffiebonen dat door het café zweefde. Gasten stroomden binnen, van lokale bewoners die kwamen bijpraten tot reizigers die op zoek waren naar een smaak van authentiek Surinaams eten. Maria begroette iedereen persoonlijk en stelde hen voor aan haar specialiteiten, zoals bakabana, roti, en pom.

Maar Café d'Oase was meer dan alleen een plek om te eten en te drinken. Het was een ontmoetingsplaats voor mensen van alle achtergronden en culturen. Hier werden vriendschappen gesmeed en verhalen gedeeld. Muzikanten kwamen vaak langs en speelden traditionele Surinaamse muziek, waardoor het café trilde van ritmische klanken.

Op een warme middag zat een oudere man genaamd Jules aan de bar. Hij had de onderscheiding van de oudste inwoner van de buurt en was een wandelende encyclopedie van verhalen over Suriname. Gasten luisterden ademloos naar zijn vertellingen over de geschiedenis en de legendes van het land.

Café d'Oase was niet alleen een café; het was een plek waar herinneringen werden geboren. Verliefde stellen deelden er hun eerste kopje koffie, vrienden vierden er verjaardagen en reizigers vonden er een thuis weg van huis.

Het café werd een symbool van de gastvrijheid en de rijke cultuur van Suriname, waar iedereen werd verwelkomd met open armen en een glimlach. Café d'Oase was de plek waar de ziel van Suriname tot leven kwam, en het bleef voor altijd in de harten van degenen die het de eer hadden gekend om binnen te stappen.

Café d'Oasis

In the heart of Paramaribo, the bustling capital of Suriname, lay a hidden gem amidst the colorful houses and winding streets. This was Café d'Oasis, an oasis of calm and coziness amid the city's hustle and bustle.

The café was run by a friendly lady named Maria. With her smile that outshone the sun and her warm hospitality, she welcomed everyone who stepped through her door as if they were old friends. Maria had a passion for cooking, and her café was known for the delicious Surinamese dishes and fragrant coffee she served.

The interior of Café d'Oasis reflected Suriname's rich history. Wooden furniture with intricate engravings and colorful rugs gave the café a cozy and rustic ambiance. On the walls hung photos of Suriname from bygone days, allowing guests to catch a glimpse of the country's past.

Every morning began with the aroma of freshly ground coffee beans wafting through the café. Guests streamed in, from local residents coming to chat to travelers seeking a taste of authentic Surinamese cuisine. Maria greeted everyone personally and introduced them to her specialties, such as bakabana, roti, and pom.

But Café d'Oasis was more than just a place to eat and drink. It was a meeting place for people of all backgrounds and cultures.

Friendships were forged here, and stories were shared. Musicians often stopped by to play traditional Surinamese music, filling the café with rhythmic sounds.

On a warm afternoon, an elderly man named Jules sat at the bar. He held the distinction of being the oldest resident in the neighborhood and was a walking encyclopedia of stories about Suriname. Guests listened raptly to his tales of the country's history and legends.

Café d'Oasis was not just a café; it was a place where memories were born. Couples in love shared their first cup of coffee there, friends celebrated birthdays, and travelers found a home away from home.

The café became a symbol of Suriname's hospitality and rich culture, where everyone was welcomed with open arms and a smile. Café d'Oasis was where the soul of Suriname came alive, and it remained forever in the hearts of those who had the privilege of stepping inside.

De Mysterieuze Melodie van de Maan

In een afgelegen dorp diep in de Surinaamse jungle, waar de nachtelijke hemel bezaaid was met duizenden fonkelende sterren, woonde een jonge inheemse jongen genaamd Kavi. Hij had een uitzonderlijk talent dat zijn volk al generaties lang had bewonderd - Kavi kon de melodieën van de maan horen.

Elke nacht klom hij op het dak van zijn eenvoudige hut en leunde hij tegen de donkere nacht, zijn oren gespitst op de hemel. Terwijl de maan haar zilveren licht over het oerwoud verspreidde, ving Kavi de zachte tonen op van een muzikale symfonie die alleen hij kon horen. Het waren klanken die rechtstreeks uit het hart van de maan leken te komen, en ze vulden Kavi met een diep gevoel van vrede en verwondering.

Op een bijzondere nacht, toen de maan helderder scheen dan ooit tevoren, hoorde Kavi een nieuwe melodie. Het was anders dan alles wat hij ooit had gehoord - een melodie die klonk als een geheim fluisteren van het heelal. Het trok hem aan als een magneet, en hij voelde dat hij moest ontdekken waar deze melodie vandaan kwam.

Met vastberadenheid begon Kavi zijn reis, gewapend met slechts zijn houten fluit en de herinnering aan de mysterieuze klanken. Hij doorkruiste de dichte jungle, navigeerde door kronkelende rivieren en klom steile bergen. Onderweg ontmoette hij dieren die hem de weg wezen en stammen die hem verwelkomden in hun gemeenschappen.

Na vele weken van reizen kwam Kavi eindelijk aan bij een verborgen vallei, omringd door hoge bergen. Hier, in het hart van deze serene plek, ontdekte hij de bron van de betoverende melodie - een glinsterende waterval die het water van de maan zelf leek te dragen.

Kavi besefte dat dit de plaats was waar de maan haar muzikale geschenk aan de wereld schonk. Hij haalde zijn fluit tevoorschijn en speelde samen met het lied van de waterval, waardoor de vallei werd gevuld met een nog diepere harmonie.

Nadat hij zijn eerbetoon had gebracht aan de maan, keerde Kavi terug naar zijn dorp. Hij bracht de melodie van de maan mee, nu gespeeld op zijn fluit, en de mensen van zijn stam werden betoverd door de hemelse klanken. De melodie bracht rust en geluk in hun harten en verbond hen met de magie van de natuur en het universum.

En zo bleef Kavi, de jongen die de melodie van de maan kon horen, de muzikale schat van zijn volk, en zijn naam werd doorgegeven aan de generaties die zouden volgen. Onder de schitterende Surinaamse maan, bleef de mysterieuze melodie weerklinken, een eeuwige herinnering aan de verbondenheid tussen mens en kosmos.

The Mysterious Melody of the Moon

In a remote village deep within the Surinamese jungle, where the night sky was adorned with thousands of twinkling stars, lived a young indigenous boy named Kavi. He possessed an exceptional talent that his people had admired for generations—Kavi could hear the melodies of the moon.

Every night, he climbed onto the roof of his humble hut and leaned into the dark night, his ears attuned to the heavens. As the moon cast its silver light over the jungle, Kavi caught the soft notes of a musical symphony that only he could hear. They were sounds that seemed to emanate directly from the heart of the moon, and they filled Kavi with a profound sense of peace and wonder.

On a particular night, when the moon shone brighter than ever before, Kavi heard a new melody. It was unlike anything he had ever heard—a melody that sounded like a secret whisper from the cosmos. It drew him in like a magnet, and he felt compelled to discover the source of this melody.

With determination, Kavi began his journey, armed with only his wooden flute and the memory of the mysterious sounds. He traversed the dense jungle, navigated winding rivers, and climbed steep mountains. Along the way, he encountered animals that guided him and tribes that welcomed him into their communities.

After many weeks of travel, Kavi finally arrived at a hidden valley, surrounded by towering mountains. Here, in the heart of this serene place, he discovered the source of the enchanting melody—a sparkling waterfall that seemed to carry the water of the moon itself.

Kavi realized that this was the place where the moon bestowed its musical gift upon the world. He took out his flute and played along with the song of the waterfall, filling the valley with an even deeper harmony.

After paying his tribute to the moon, Kavi returned to his village. He brought with him the melody of the moon, now played on his flute, and the people of his tribe were enchanted by the celestial sounds. The melody brought peace and joy to their hearts, connecting them to the magic of nature and the universe.

And so, Kavi, the boy who could hear the melody of the moon, remained the musical treasure of his people, and his name was passed down to generations to come. Beneath the brilliant Surinamese moon, the mysterious melody continued to resonate, an eternal reminder of the bond between humanity and the cosmos.

De Avonturen van Suri en de Tijgerkikker

In de diepe, ongerepte bossen van Suriname woonde een nieuwsgierige jongen genaamd Suri. Zijn ogen waren altijd gericht op de dichte vegetatie, vol met exotische planten en dieren. Hij was vooral gefascineerd door de verhalen die zijn grootvader hem vertelde over de mysterieuze tijgerkikkers die in de jungle leefden.

Op een heldere ochtend, terwijl Suri langs de kronkelende rivier dwaalde, hoorde hij een zachte, melodieuze zang die anders was dan alles wat hij ooit had gehoord. Hij volgde het geluid dieper het bos in, waar hij een wonderbaarlijk schouwspel ontdekte - een tijgerkikker ter grootte van een volwassen man, met feloranje strepen en gouden ogen.

De tijgerkikker zong een betoverend lied dat de bomen liet trillen en de lucht vulde met magie. Suri, overweldigd door de schoonheid van het moment, kon niet anders dan het dier naderen. Tot zijn verbazing sprak de tijgerkikker tot hem.

"Ik ben Tijgero, de laatste van mijn soort," sprak de kikker met een vriendelijke stem. "Mijn lied heeft de kracht om de jungle te beschermen tegen degenen die haar willen schaden. Maar ik heb hulp nodig."

Suri, dapper en vastberaden, bood zijn hulp aan. Tijgero legde uit dat een duistere kracht in de jungle was opgedoken, geleid door een gemene tovenaar die de natuurlijke balans bedreigde. Ze moesten samenwerken om de jungle te redden.

Samen begonnen Suri en Tijgero aan een avontuurlijke reis diep in de jungle. Ze ontmoetten vriendelijke dieren die hen hielpen en doorkruisten dichte bossen, geheime grotten en snelstromende rivieren. Onderweg leerde Suri over de delicate balans van de natuur en de noodzaak om deze te beschermen.

Uiteindelijk bereikten ze het hol van de gemene tovenaar, waar ze een epische strijd leverden tegen zijn duistere krachten. Met moed en de kracht van Tijgero's lied versloegen ze de tovenaar en herstelden ze de harmonie in de jungle.

Terug in zijn dorp vertelde Suri over zijn ongelooflijke avontuur met de tijgerkikker en hoe ze samen de jungle hadden gered. De mensen van zijn dorp begrepen nu hoe belangrijk het was om de natuur te koesteren en te beschermen.

Suri en Tijgero werden legendes in Suriname, en hun verhaal werd doorverteld van generatie op generatie als een herinnering aan de kracht van samenwerking en het belang van het behoud van de natuurlijke schoonheid van het land. En 's nachts, als de jungle in stilte sluimerde, kon men nog steeds het zachte gezang van Tijgero horen, de bewaker van de betoverende bossen van Suriname.

The Adventures of Suri and the Tiger Frog

In the deep, untouched forests of Suriname lived a curious boy named Suri. His eyes were always fixed on the dense vegetation, filled with exotic plants and animals. He was particularly fascinated by the stories his grandfather told him about the mysterious tiger frogs that inhabited the jungle.

One bright morning, as Suri wandered along the winding river, he heard a soft, melodious song unlike anything he had ever heard before. He followed the sound deeper into the forest, where he discovered a wondrous sight—a tiger frog the size of a grown man, with bright orange stripes and golden eyes.

The tiger frog sang an enchanting song that made the trees tremble and filled the air with magic. Overwhelmed by the beauty of the moment, Suri could do nothing but approach the creature. To his amazement, the tiger frog spoke to him.

"I am Tigero, the last of my kind," spoke the frog with a friendly voice. "My song has the power to protect the jungle from those who wish to harm it. But I need help."

Suri, brave and determined, offered his assistance. Tigero explained that a dark force had arisen in the jungle, led by an evil sorcerer who threatened the natural balance. They needed to work together to save the jungle.

Together, Suri and Tigero embarked on an adventurous journey deep into the jungle. They met friendly animals that helped them and traversed dense forests, secret caves, and swift-flowing rivers. Along the way, Suri learned about the delicate balance of nature and the necessity of protecting it.

Eventually, they reached the lair of the evil sorcerer, where they engaged in an epic battle against his dark powers. With courage and the power of Tigero's song, they defeated the sorcerer and restored harmony to the jungle.

Back in his village, Suri shared his incredible adventure with the tiger frog and how they had saved the jungle together. The people of his village now understood the importance of cherishing and protecting nature.

Suri and Tigero became legends in Suriname, and their story was passed down from generation to generation as a reminder of the power of cooperation and the importance of preserving the natural beauty of the land. And at night, as the jungle slumbered in silence, one could still hear the gentle song of Tigero, the guardian of Suriname's enchanting forests.

De Kleurrijke Penselen van Surinaamse Kunst

Diep in de levendige straten van Paramaribo, omgeven door de geur van exotische bloemen en het geluid van vrolijke muziek, woonde een gepassioneerde kunstschilder genaamd Anaïs. Haar atelier, verscholen tussen de oude koloniale gebouwen, was een oase van creativiteit en kleur in de stad.

Anaïs was geboren en getogen in Suriname, en haar kunst weerspiegelde de rijke diversiteit en schoonheid van haar land. Met haar penseel bracht ze de levendige straten, het weelderige regenwoud en de smeltkroes van culturen tot leven op haar doeken.

Haar liefde voor kunst begon op jonge leeftijd, toen ze met haar grootmoeder door de straten van Paramaribo zwierf en verhalen hoorde over de geschiedenis van Suriname. Haar grootmoeder was haar eerste lerares, en ze leerde Anaïs over de kracht van beelden om emoties en herinneringen vast te leggen.

Op een warme ochtend, terwijl de zon haar atelier binnenstroomde, begon Anaïs aan haar nieuwste meesterwerk - een schilderij dat de ziel van Suriname zou vastleggen. Ze doopte haar penseel in de levendige kleuren van de regenboog en begon te schilderen. Haar handen dansten over het doek terwijl ze de geuren, geluiden en kleuren van haar geliefde land in elk detail vastlegde.

Anaïs had een bijzondere gave om niet alleen de uiterlijke schoonheid van Suriname weer te geven, maar ook de diepgewortelde emoties en verhalen die haar land kenmerkten. Haar schilderijen vertelden over de harmonie tussen de verschillende etnische groepen, de kracht van de natuur, en de herinneringen aan het verleden die in de harten van haar mensen leefden.

Haar kunstwerken werden tentoongesteld in galerieën over de hele wereld, en mensen van alle hoeken van de aarde werden betoverd door de levendigheid van Suriname die op haar doeken tot leven kwam. Anaïs werd een trotse ambassadeur van haar land, en haar kunst bracht de cultuur en schoonheid van Suriname naar alle uithoeken van de wereld.

Maar wat het meest waardevol was, was dat Anaïs haar passie en kennis deelde met de jongere generaties van Surinaamse kunstenaars. Ze gaf les aan aspirant-schilders en moedigde hen aan om hun eigen verhalen en dromen op het doek te zetten, en zo creëerde ze een erfenis die verder ging dan haar eigen kunstwerken.

Anaïs, de Surinaamse schilder, bracht kleur en leven in haar kunst en inspireerde anderen om hetzelfde te doen. Haar atelier in Paramaribo bleef een plek van creativiteit en inspiratie, en haar schilderijen blijven de wereld herinneren aan de prachtige cultuur en natuur van Suriname.

The Colorful Brushes of Surinamese Art

Deep in the vibrant streets of Paramaribo, surrounded by the scent of exotic flowers and the sound of joyful music, lived a passionate painter named Anaïs. Her studio, nestled among the old colonial buildings, was an oasis of creativity and color in the city.

Anaïs was born and raised in Suriname, and her art reflected the rich diversity and beauty of her country. With her brush, she brought to life the lively streets, the lush rainforest, and the melting pot of cultures on her canvases.

Her love for art began at a young age when she wandered the streets of Paramaribo with her grandmother, hearing stories about Suriname's history. Her grandmother was her first teacher, and she taught Anaïs about the power of images to capture emotions and memories.

On a warm morning, as the sun streamed into her studio, Anaïs embarked on her latest masterpiece—a painting that would capture the soul of Suriname. She dipped her brush into the vibrant colors of the rainbow and began to paint. Her hands danced across the canvas as she captured the scents, sounds, and colors of her beloved land in every detail.

Anaïs had a special gift not only to depict the outward beauty of Suriname but also the deep-seated emotions and stories that defined her country. Her paintings spoke of the harmony between different ethnic groups, the power of nature, and the memories of the past that lived in the hearts of her people.

Her artworks were exhibited in galleries all over the world, and people from every corner of the earth were enchanted by the vividness of Suriname that came to life on her canvases. Anaïs became a proud ambassador of her country, and her art brought the culture and beauty of Suriname to every corner of the globe.

But what was most valuable was that Anaïs shared her passion and knowledge with the younger generations of Surinamese artists. She taught aspiring painters and encouraged them to put their own stories and dreams on canvas, creating a legacy that extended beyond her own artworks.

Anaïs, the Surinamese painter, infused color and life into her art and inspired others to do the same. Her studio in Paramaribo remained a place of creativity and inspiration, and her paintings continue to remind the world of the beautiful culture and nature of Suriname.

Het Geheim van de Verloren Vallei

Diep in de ondoordringbare jungle van Suriname lag een mysterieuze vallei, verscholen voor de ogen van de wereld. Deze vallei, omringd door dichte vegetatie en bewoond door zeldzame dieren, was al eeuwenlang een goed bewaard geheim.

Op een warme ochtend stond een avontuurlijke jongen genaamd Rafael aan de rand van de jungle, zijn hart vervuld van opwinding en nieuwsgierigheid. Zijn grootvader had hem verhalen verteld over de verloren vallei, waarvan gezegd werd dat ze vol was met schatten en mysterie. Rafael had besloten dat het tijd was om de vallei te vinden en haar geheimen te ontrafelen.

Hij had zijn rugzak volgeladen met proviand en kaarten die generaties lang in zijn familie waren doorgegeven. Met een vastberaden blik begon hij zijn reis in de dichte jungle. De dichte begroeiing, de tropische geluiden en de vochtige lucht omhulden hem terwijl hij dieper en dieper de wildernis in trok.

Na dagen van ontberingen, met alleen het geluid van zingende vogels en ruisende bladeren om hem gezelschap te houden, ontdekte Rafael eindelijk een oude tempel diep in de jungle. De tempel was begroeid met lianen en omgeven door een aura van mysterie.

Met kloppend hart ging Rafael de tempel binnen, waar hij geconfronteerd werd met een verbluffend schouwspel. De muren van de tempel waren bedekt met afbeeldingen van oude stammen die ooit in de vallei hadden gewoond. Rafael voelde een diepe verbondenheid met deze mensen, alsof hij hun verhalen begreep zonder woorden.

Dieper in de tempel ontdekte Rafael een versteende kaart, bedekt met inscripties in een taal die hij niet kon ontcijferen. Met behulp van de kaart leidde zijn intuïtie hem naar een verborgen doorgang achter het altaar. Met elke stap die hij zette, voelde hij dat hij dichter bij het geheim van de vallei kwam.

Uiteindelijk stond Rafael aan de rand van de verloren vallei, en zijn ogen werden gevuld met verwondering. Het was een plek van ongekende schoonheid, met een kabbelende rivier die door het midden stroomde en watervallen die als zilveren linten van de bergen vielen. Kleurrijke bloemen en exotische vogels versierden het landschap, en de lucht was gevuld met de zoete geur van wilde orchideeën.

Rafael wist dat hij een van de weinigen was die ooit deze betoverende vallei hadden gezien. Maar hij had geen tijd om te rusten, want het geheim waar hij naar zocht, moest nog worden onthuld.

Terwijl hij de vallei verkende, ontmoette Rafael een oude inheemse man genaamd Arawak, die al jaren in de vallei had gewoond. Arawak verwelkomde Rafael en deelde verhalen over de geschiedenis van de vallei en haar bewoners.

Hij vertelde Rafael over de legende van de Verloren Tempel, een oude plek diep in de jungle waar, volgens de overlevering, een kostbaar juweel verborgen lag. Het juweel, bekend als de "Oog van de Jaguar," bezat magische krachten en kon degenen die het bezaten grote wijsheid schenken.

Met de hulp van Arawak begon Rafael aan een avontuurlijke zoektocht naar de Verloren Tempel. Ze doorkruisten wilde rivieren, klommen steile kliffen en navigeerden door dichte bossen. Onderweg leerde Rafael over de geneeskrachtige planten van de jungle en de geheimen van de inheemse bevolking.

Na vele uitdagingen en obstakels bereikten ze eindelijk de Verloren Tempel, verscholen diep in het hart van de jungle. De tempel was bedekt met wijnranken en omgeven door een aura van mysterie. Met kloppende harten gingen ze naar binnen.

In de duistere binnenkant van de tempel ontdekten ze een altaar met een sokkel waarop het "Oog van de Jaguar" zou moeten rusten. Rafael plaatste de steen die hij had meegenomen vanuit de oude tempel op het altaar, en plotseling begon de tempel te trillen en licht uit te stralen.

De muren van de tempel kwamen tot leven met oude inscripties en afbeeldingen van jaguars, watervallen en sterren. Een diepe stem klonk in de tempel, en Rafael begreep nu de taal van de inscripties. Ze spraken van de wijsheid van de natuur, de verbondenheid van alle levende wezens en de kracht van het ontdekken van je innerlijke zelf.

Rafael voelde een golf van inzicht en vrede over zich heen spoelen. Hij begreep nu dat het echte geheim van de vallei niet het juweel was, maar de wijsheid die het met zich meebracht. Hij besloot het "Oog van de Jaguar" in de tempel te laten, wetende dat het op zijn plaats was.

Met Arawak aan zijn zijde keerde Rafael terug naar de vallei, waar hij de rest van zijn dagen doorbracht, geleid door de oude wijsheid van de tempel. Hij deelde zijn ervaringen en kennis met de inheemse gemeenschap, en de vallei bloeide op onder zijn zorg.

En zo werd Rafael de hoeder van het geheim van de Verloren Vallei, een geheim dat niet in juwelen of schatten lag, maar in de eeuwige wijsheid van de natuur en de verbondenheid van alle levende wezens. Zijn avontuur had hem niet alleen de schoonheid van Suriname onthuld, maar ook de schoonheid van het innerlijke zelf.

The Secret of the Lost Valley

Deep in the impenetrable jungle of Suriname lay a mysterious valley, hidden from the eyes of the world. This valley, surrounded by dense vegetation and inhabited by rare animals, had been a well-kept secret for centuries.

On a warm morning, an adventurous boy named Rafael stood at the edge of the jungle, his heart filled with excitement and curiosity. His grandfather had told him stories about the lost valley, rumored to be full of treasures and mystery. Rafael had decided that it was time to find the valley and unravel its secrets.

He had loaded his backpack with provisions and maps that had been passed down through generations in his family. With a determined look, he began his journey into the dense jungle. The thick foliage, tropical sounds, and humid air enveloped him as he ventured deeper and deeper into the wilderness.

After days of hardship, with only the sound of singing birds and rustling leaves for company, Rafael finally discovered an ancient temple deep in the jungle. The temple was covered in vines and shrouded in an aura of mystery.

With a pounding heart, Rafael entered the temple, where he was met with a stunning sight. The walls of the temple were adorned with images of ancient tribes that had once inhabited the valley. Rafael felt a deep connection to these people, as if he understood their stories without words.

Deeper into the temple, Rafael discovered a petrified map, covered with inscriptions in a language he could not decipher. With the help of the map, his intuition led him to a hidden passage behind the altar. With each step he took, he felt that he was getting closer to the secret of the valley.

Eventually, Rafael stood on the edge of the lost valley, and his eyes were filled with wonder. It was a place of unparalleled beauty, with a meandering river flowing through the center and waterfalls cascading from the mountains like silver ribbons. Colorful flowers and exotic birds adorned the landscape, and the air was filled with the sweet scent of wild orchids.

Rafael knew that he was one of the few who had ever seen this enchanting valley. But he had no time to rest, for the secret he sought still had to be revealed.

As he explored the valley, Rafael met an old indigenous man named Arawak, who had lived in the valley for years. Arawak welcomed Rafael and shared stories about the valley's history and its inhabitants.

He told Rafael about the legend of the Lost Temple, an ancient place deep in the jungle where, according to tradition, a precious jewel was hidden. The jewel, known as the "Eye of the Jaguar," possessed magical powers and could grant great wisdom to those who possessed it.

With Arawak's help, Rafael embarked on an adventurous quest to find the Lost Temple. They crossed wild rivers, climbed steep cliffs, and navigated through dense forests. Along the way, Rafael learned about the medicinal plants of the jungle and the secrets of the indigenous population.

After many challenges and obstacles, they finally reached the Lost Temple, hidden deep in the heart of the jungle. The temple was overgrown with vines and surrounded by an aura of mystery. With pounding hearts, they entered.

In the dark interior of the temple, they discovered an altar with a pedestal where the "Eye of the Jaguar" was supposed to rest. Rafael placed the stone he had brought from the ancient temple on the altar, and suddenly, the temple began to tremble and emit light.

The walls of the temple came to life with ancient inscriptions and images of jaguars, waterfalls, and stars. A deep voice echoed in the temple, and Rafael now understood the language of the inscriptions. They spoke of the wisdom of nature, the connection of all living beings, and the power of discovering one's inner self.

Rafael felt a wave of insight and peace wash over him. He now understood that the true secret of the valley was not the jewel but the wisdom it brought. He decided to leave the "Eye of the Jaguar" in the temple, knowing that it belonged there.

With Arawak by his side, Rafael returned to the valley, where he spent the rest of his days guided by the ancient wisdom of the temple. He shared his experiences and knowledge with the indigenous community, and the valley thrived under his care.

And so, Rafael became the guardian of the secret of the Lost Valley, a secret that was not found in jewels or treasures but in the eternal wisdom of nature and the interconnectedness of all living beings. His adventure had not only revealed to him the beauty of Suriname but also the beauty of the inner self.

De Avonturen van Max en de Apen

In een klein Surinaams dorpje, verscholen tussen weelderige regenwouden en een kronkelende rivier, woonde een jongeman genaamd Max. Max stond bekend om zijn onstilbare liefde voor mango's, vooral de zoete en sappige mango's die overvloedig groeiden in de dorpsboomgaarden.

Op een zonnige ochtend werd Max wakker met slechts één gedachte in zijn hoofd - mango's. Zijn mond waterde bij het idee alleen al om in de rijpste, meest heerlijke mango te bijten die hij kon vinden. Ondanks de verleiding kon hij de drang niet weerstaan en ging hij op een missie om mango's te verzamelen.

Max begaf zich met een stevige mand en een lange stok met een haak aan het uiteinde naar de boomgaarden, die hij van plan was te gebruiken om de hoog hangende mango's uit de bomen te plukken. Hij was vastbesloten om een mand vol mango's te verzamelen voor zijn mango-feest.

Toen Max de eerste mangoboom naderde, merkte hij een groep ondeugende apen op die in de takken zaten, hun staarten speels heen en weer zwiepend. Max schonk hen niet veel aandacht en probeerde een mango te bereiken. Maar de apen hadden andere plannen.

Met bliksemsnelle snelheid griste een van de apen de mango weg, net toen Max's stok hem bijna te pakken had. Max bleef achter met niets dan lucht en een verbaasde uitdrukking op zijn gezicht. De apen kletsten en lachten, duidelijk genietend van hun spel.

Max liet zich niet ontmoedigen en ging door naar de volgende boom, vastbesloten om de mango-stelende apen te slim af te zijn. Deze keer was hij voorzichtiger, maar de apen waren hem een stap voor. Ze slingerden van tak naar tak, stalen mango's recht voor Max's ogen en lieten ze op de grond vallen.

Frustratie groeide terwijl Max's pogingen om een enkele mango te vangen herhaaldelijk werden gedwarsboomd door de slimme apen. Hij probeerde met hen te redeneren: "Kom op, jongens, kunnen we niet delen? Er zijn genoeg mango's voor iedereen!"

Maar de apen leken zijn smeekbeden nog amusanter te vinden en reageerden met meer gelach en streken. Max' geduld raakte op, en hij bedacht een plan om de apen te slim af te zijn.

Max besloot het element van verrassing te gebruiken. Hij vond een schuilplaats achter een dichte struik en wachtte tot de apen binnen bereik van zijn stok kwamen. Zodra een van de apen in de buurt kwam voor nog een mango-overval, sloeg Max toe.

Met een snelle en goed gerichte zwaai slaagde Max erin een mango te haken en naar beneden te trekken. Hij kon zijn geluk niet geloven! Maar de andere apen waren niet bereid zo gemakkelijk op te geven. Ze vielen Max aan, kietelden hem en probeerden de mango uit zijn handen te grissen.

Er ontstond een komisch touwtrekken, waarbij Max en de apen worstelden om de mango. Ze rolden over de grond, lachen en giechelen vulden de boomgaard. Voorbijgangers konden niet anders dan stoppen en kijken naar de hilarische scène die zich voor hun ogen afspeelde.

Uiteindelijk kwam Max als overwinnaar uit de strijd, de kostbare mango stevig in zijn handen geklemd. Hij zwaaide triomfantelijk naar de verslagen maar nog steeds speelse apen. "Deze mango is van mij!" verklaarde hij met een grijns.

Terwijl Max terugliep naar zijn dorp, zijn kleren enigszins gescheurd en zijn gezicht rood van het avontuur, kon hij niet anders dan lachen om het belachelijke avontuur dat hij zojuist had beleefd. Hij had die dag een waardevolle les geleerd - als het gaat om mango's in Suriname, moet je voorbereid zijn op wat apenstreken!

The Adventures of Max and the Monkeys

In a small Surinamese village nestled between lush rainforests and a winding river, lived a young man named Max. Max was known for his insatiable love for mangoes, especially the sweet and juicy mangoes that grew abundantly in the village orchards.

One sunny morning, Max woke up with a single thought on his mind - mangoes. His mouth watered at the mere idea of biting into the ripest, most delicious mango he could find. Unable to resist the temptation, he set off on a mission to collect mangoes.

Max ventured into the orchards armed with a sturdy basket and a long stick with a hook at the end, which he intended to use to pluck the high-hanging mangoes from the trees. He was determined to gather a basketful of mangoes for his mango feast.

As Max approached the first mango tree, he noticed a group of mischievous monkeys perched in the branches, their tails swaying playfully. Max didn't pay them much attention and tried to reach for a mango. But the monkeys had other plans.

With lightning speed, one of the monkeys snatched the mango just as Max's stick was about to hook it. Max was left with nothing but air and a bewildered expression on his face. The monkeys chattered and laughed, clearly enjoying their game.

Max, undeterred, moved on to the next tree, determined to outsmart the mango-thieving monkeys. This time, he was more careful, but the monkeys were one step ahead. They swung from branch to branch, stealing mangoes right before Max's eyes and dropping them to the ground below.

Frustration mounted as Max's attempts to catch a single mango were repeatedly thwarted by the crafty monkeys. He tried to reason with them, "Come on, guys, can't we share? There are plenty of mangoes to go around!"

But the monkeys seemed to find his pleas even more amusing and responded with more laughter and mischief. Max's patience was wearing thin, and he hatched a plan to outwit the monkeys.

Max decided to employ the element of surprise. He found a hiding spot behind a thick bush and waited for the monkeys to come within reach of his stick. As soon as one of the monkeys moved in for another mango heist, Max made his move.

With a quick and well-aimed swing, Max managed to hook a mango and pull it down. He couldn't believe his luck! But the other monkeys weren't ready to give up so easily. They pounced on Max, tickling him, and trying to snatch the mango from his hands.

A comical tug-of-war ensued, with Max and the monkeys wrestling over the mango. They rolled around on the ground, laughter and chatter filling the orchard. Passersby couldn't help but stop and watch the hilarious scene unfold.

In the end, Max emerged victorious, clutching the precious mango in his hands. He waved it triumphantly at the defeated but still playful monkeys. "This mango is mine!" he declared with a grin.

As Max walked back to his village, his clothes slightly torn and his face flushed from the encounter, he couldn't help but laugh at the ridiculous adventure he had just experienced. He had learned a valuable lesson that day - when it comes to mangoes in Suriname, you have to be prepared for some monkey business!

De Kibbelende Kwartel en de Vriendelijke Vos

In een schilderachtig deel van Suriname, waar de rivieren kalm stroomden en de bossen vol vogelgezang waren, leefde een kibbelende kwartel genaamd Karel. Karel was een kleine vogel met een grote mond, en hij had de reputatie overal ruzie te maken.

Op een zonnige ochtend, terwijl Karel druk bezig was met schreeuwen naar een groepje hagedissen dat ze uit zijn territorium moesten vertrekken, hoorde hij een zachte stem die hem vriendelijk begroette. Verbaasd draaide hij zich om en zag een vriendelijke vos genaamd Victor.

"Goedemorgen, Karel," zei Victor met een glimlach. "Wat brengt je hier vandaag?"

Karel snoof minachtend. "Wat doet het ertoe? Ik heb altijd wel iets om over te klagen!"

Victor knikte begrijpend. "Dat kan soms gebeuren, maar misschien kunnen we een manier vinden om je humeur te verbeteren. Zou je het leuk vinden om met me mee te gaan door het bos en enkele van de mooie plekken te zien die ik heb ontdekt?"

Karel aarzelde, maar de nieuwsgierigheid won het van zijn chagrijnigheid. Hij stemde toe en vloog naast Victor terwijl ze door het bos wandelden.

Victor bracht Karel naar een idyllische plek aan de rivier, waar kleurrijke bloemen in bloei stonden en vlinders vrolijk rondfladderden. Karel staarde met open mond naar de schoonheid van de natuur om hem heen. Hij had dit nog nooit eerder gezien, omdat hij meestal te druk was met ruziemaken.

De vos vertelde Karel over de geheimen van het bos, zoals waar de sappigste wormen te vinden waren en hoe je de mooiste liederen kon zingen om de zon te begroeten. Karel begon te beseffen dat er zoveel meer was in het leven dan ruzie maken.

Terwijl ze verder wandelden, kwamen ze bij een prachtige waterval. Het geluid van het vallende water was rustgevend, en Karel voelde zich vrediger dan ooit tevoren.

"Victor," zei Karel aarzelend, "ik wil je bedanken voor vandaag. Ik heb nog nooit zulke mooie plekken gezien, en ik heb me nog nooit zo goed gevoeld."

Victor glimlachte. "Het was mijn genoegen, Karel. Soms is het belangrijk om even te stoppen en de schoonheid om ons heen te waarderen, in plaats van altijd maar te kibbelen."

Karel knikte instemmend. "Je hebt gelijk, Victor. Ik denk dat ik een beetje moet veranderen."

Vanaf die dag veranderde Karel zijn manier van leven. Hij stopte met ruzie maken en begon in plaats daarvan te genieten van de wonderen van de natuur. Hij zong liederen met de andere vogels, deelde zijn wormenvondsten met vrienden, en werd bekend als de vriendelijkste kwartel in het bos.

De vriendelijke vos Victor had Karel laten zien dat vriendschap en vrede waardevoller waren dan ruzie maken. En zo leefden Karel en Victor gelukkig in het prachtige bos van Suriname, waar ze samen de rust en schoonheid van de natuur deelden, en waar geen enkele kibbelende kwartel meer te bekennen was.

The Quarrelsome Quail and the Friendly Fox

In a picturesque part of Suriname, where the rivers flowed gently, and the forests were filled with birdsong, lived a quarrelsome quail named Carl. Carl was a small bird with a big mouth, and he had a reputation for picking fights everywhere he went.

One sunny morning, as Carl was busy yelling at a group of lizards to get out of his territory, he heard a soft voice that greeted him kindly. Surprised, he turned around and saw a friendly fox named Victor.

"Good morning, Carl," Victor said with a smile. "What brings you here today?"

Carl snorted disdainfully. "What does it matter? I always have something to complain about!"

Victor nodded understandingly. "That can happen sometimes, but perhaps we can find a way to improve your mood. Would you like to come with me through the forest and see some of the beautiful places I've discovered?"

Carl hesitated, but curiosity overcame his grumpiness. He agreed and flew alongside Victor as they walked through the forest.

Victor took Carl to an idyllic spot by the river, where colorful flowers were in bloom, and butterflies fluttered joyfully. Carl stared in awe at the beauty of the nature around him. He had never seen this before because he was usually too busy arguing.

The fox told Carl about the secrets of the forest, like where to find the juiciest worms and how to sing the most beautiful songs to greet the sun. Carl began to realize that there was so much more to life than quarreling.

As they continued to walk, they arrived at a magnificent waterfall. The sound of the falling water was soothing, and Carl felt more peaceful than ever before.

"Victor," Carl said hesitantly, "I want to thank you for today. I've never seen such beautiful places, and I've never felt so good."

Victor smiled. "It was my pleasure, Carl. Sometimes it's important to stop and appreciate the beauty around us instead of always quarreling."

Carl nodded in agreement. "You're right, Victor. I think I need to change a little."

From that day on, Carl changed his way of life. He stopped quarreling and began to enjoy the wonders of nature instead. He sang songs with the other birds, shared his worm finds with friends, and became known as the friendliest quail in the forest.

The friendly fox Victor had shown Carl that friendship and peace were more valuable than arguing. And so, Carl and Victor lived happily in Suriname's beautiful forest, where they shared the tranquility and beauty of nature together, and where no quarrelsome quail could be found anymore.

De Avonturen van Tim en de Sprekende Schildpad

In een slaperig Surinaams dorpje, waar de dagen rustig voortkabbelden onder de tropische zon, woonde een nieuwsgierige jongen genaamd Tim. Tim had een passie voor avontuur en droomde ervan om de geheimen van het nabijgelegen mangrovebos te ontdekken.

Op een warme middag besloot Tim zijn dromen waar te maken. Hij trok zijn avontuurlijke kleding aan, pakte zijn verrekijker en begon aan zijn reis naar de rand van het mangrovebos. Terwijl hij dieper het bos in trok, ontdekte hij een magische plek - een verborgen vijver omringd door oude mangrovebomen.

Midden in de vijver lag een grote, glinsterende schildpad die anders was dan alle andere schildpadden die Tim ooit had gezien. Deze schildpad had heldere ogen en een vriendelijke glimlach op zijn gezicht.

"Goedemiddag, Tim," zei de schildpad met een zachte stem.

Tim wreef zijn ogen uit en keek verbaasd naar de schildpad. "Kun jij praten?"

De schildpad knikte. "Ja, dat kan ik. Ik ben geen gewone schildpad, ik ben een oude magische schildpad die hier al eeuwen woont."

Tim was stomverbaasd en opgewonden. "Wat voor magie heb je, en kun je me wat van die magie leren?"

De schildpad glimlachte opnieuw. "Ik heb de magie van het luisteren naar de natuur. Ik begrijp de taal van de bomen, de zang van de vogels en het fluisteren van de wind. Als je wilt, kan ik je leren luisteren naar de stemmen van de natuur."

Tim stemde enthousiast in. Hij bracht dagen, weken en maanden door aan de vijver, waar de wijze schildpad hem de geheimen van het bos onthulde. Hij leerde hoe hij de richting kon bepalen aan de hand van de stand van de zon en de sterren, hoe hij eetbare planten kon herkennen en hoe hij kon communiceren met de dieren in het bos.

Tijdens zijn avonturen ontmoette Tim allerlei dieren, van nieuwsgierige apen tot kleurrijke vogels. Hij leerde hun verhalen en luisterde naar hun wijsheid. Dankzij de magische schildpad kon Tim de schoonheid en de betekenis van het mangrovebos begrijpen zoals nooit tevoren.

Op een dag, terwijl Tim door het bos zwierf, stuitte hij op een groepje houthakkers die van plan waren om de oude mangrovebomen om te hakken. Geschokt door wat hij zag, rende Tim terug naar de magische vijver en smeekte de schildpad om hulp.

De schildpad knikte begrijpend. "Tim, het is tijd om de magie die je hebt geleerd in te zetten om het bos te beschermen. Ga terug naar het dorp en vertel de mensen over de schoonheid en de waarde van de mangroves. Laat hen begrijpen dat het behouden van de natuurlijke wereld van onschatbare waarde is."

Tim gehoorzaamde de wijze woorden van de schildpad en keerde terug naar het dorp. Daar vertelde hij iedereen over zijn avonturen in het mangrovebos en de waardevolle lessen die hij had geleerd. Hij inspireerde de dorpelingen om samen te werken en het bos te beschermen tegen vernietiging.

Dankzij Tim's inspanningen en de wijsheid van de magische schildpad werd het mangrovebos gered van de houthakkers. Het bos bleef bloeien en groeien, en het dorp leerde om in harmonie te leven met de natuur.

Tim keerde regelmatig terug naar de vijver bij de magische schildpad, waar hij zijn avonturen deelde en bleef leren van de natuur. Hij begreep nu dat echte magie niet in toverformules lag, maar in het begrijpen en respecteren van de wereld om ons heen.

En zo gingen de avonturen van Tim en de sprekende schildpad verder, terwijl ze de wonderen van de natuur bleven ontdekken en delen, en het Surinaamse dorpje bloeide onder hun zorgzame ogen.

The Adventures of Tim and the Talking Turtle

In a sleepy Surinamese village, where the days drifted by lazily under the tropical sun, lived a curious boy named Tim. Tim had a passion for adventure and dreamed of uncovering the secrets of the nearby mangrove forest.

One sunny afternoon, Tim decided to make his dreams come true. He put on his adventurous clothes, grabbed his binoculars, and embarked on a journey to the edge of the mangrove forest. As he ventured deeper into the forest, he stumbled upon a magical place - a hidden pond surrounded by ancient mangrove trees.

In the middle of the pond lay a large, glistening turtle that was unlike any other turtle Tim had ever seen. This turtle had bright eyes and a friendly smile on its face.

"Good afternoon, Tim," said the turtle in a gentle voice.

Tim rubbed his eyes and looked at the turtle in amazement. "Can you talk?"

The turtle nodded. "Yes, I can. I'm not an ordinary turtle; I'm an ancient magical turtle who has lived here for centuries."

Tim was astounded and excited. "What kind of magic do you possess, and can you teach me some of that magic?"

The turtle smiled again. "I have the magic of listening to nature. I understand the language of the trees, the songs of the birds, and the whispers of the wind. If you'd like, I can teach you to listen to the voices of nature."

Tim enthusiastically agreed. He spent days, weeks, and months by the pond, where the wise turtle revealed to him the secrets of the forest. He learned how to navigate by the direction of the sun and stars, how to recognize edible plants, and how to communicate with the animals in the forest.

During his adventures, Tim encountered all sorts of animals, from curious monkeys to colorful birds. He learned their stories and listened to their wisdom. Thanks to the magical turtle, Tim could understand the beauty and meaning of the mangrove forest as never before.

One day, while Tim was wandering through the forest, he stumbled upon a group of loggers who were planning to cut down the ancient mangrove trees. Shocked by what he saw, Tim ran back to the magical pond and begged the turtle for help.

The turtle nodded in understanding. "Tim, it's time to use the magic you've learned to protect the forest. Go back to the village and tell the people about the beauty and value of the mangroves. Help them understand that preserving the natural world is of immeasurable worth."

Tim obeyed the wise words of the turtle and returned to the village. There, he shared his adventures in the mangrove forest and the valuable lessons he had learned. He inspired the villagers to work together and protect the forest from destruction.

Thanks to Tim's efforts and the wisdom of the magical turtle, the mangrove forest was saved from the loggers. The forest continued to thrive and grow, and the village learned to live in harmony with nature.

Tim returned to the pond by the magical turtle regularly, where he shared his adventures and continued to learn from nature. He now understood that true magic was not in spells but in understanding and respecting the world around us.

And so, the adventures of Tim and the talking turtle continued as they kept discovering and sharing the wonders of nature, and the Surinamese village flourished under their watchful eyes.